Les Yeux-Nuages

Patricia Pileur

2019

Couverture par © Patricia Pileur Réau

Tous droits réservés © Patricia Pileur Réau

ISBN: 978-2-9559842-2-2
ISBN-13: 9782955984222

A ma famille

"Les souvenirs sont du vent, ils inventent les nuages"

Jules Supervielle / Le Corps tragique

Les Yeux-Nuages

Pourquoi regardes-tu le ciel

Pourquoi regardes-tu le ciel
Parce que j'entends la mer
L'horizon est rivage
Dit-elle
La main refermée sur un coquillage
Blanc comme un hiver sage

La plage était cruelle

La plage était cruelle
J'avais les yeux comme des catamarans
Soulevés par le vent
Les paupières gonflées par le sel des étoiles
Mon visage amarré par un nœud trop serré
Cherchait une douceur à déchiffrer
J'avais l'âme enroulée comme un message
Dans un corps refermé
Toute la nuit avait lavé l'hiver
Et mes pieds soulevaient le passé
Comme de l'écume abandonnée
Le silence répercutait la vague
Un va et vient interminable
De pensées respirées
Tu me manquais
Des algues sèches me poussaient dans la bouche
Sur mes joues notre histoire
S'écrivait comme une forte fièvre

Le rôle du passant

Et les falaises marquaient les heures
Grignotées par la férocité des secondes
Diantre ! Qu'elles étaient sauvages !

Sans cesse
La pierre fendait
S'équilibrait
Puis s'effondrait
Et repoussait ailleurs
Se dressant fière encore

Un fracas incessant !

Spectacle magistral
J'en étais sourde heureusement
Je lisais la morsure sur les lèvres des vagues
Et le cri de la pierre résonnait sous mes pieds

Et ça brassait…
Et ça brassait le temps

Des remous
De l'écume
Des heures
Et des années
Partaient ainsi
Pour finir coquillage
À ramasser
Sur une plage
Par un passant
Ne sachant rien du Tout

C'était cela la vraie beauté
Cette redistribution des heures et des années
Comme un temps à semer au hasard
Par des poches percées
Donnant tout le beau rôle au passant si pressé

La solitude de la mer

Poser mes yeux sur une plage
Où la neige est tombée
Mouillant de blanc le sable
Mes cils mélangent l'écume
À la salive gelée du ciel
L'automne prend ce goût salé
Mes doigts cherchent le coquillage
L'écho d'une saison passée
Tous ses châteaux de sable
Tracés du bout du pied
Les vagues tristes chantent la nuit
La pluie défait la blancheur et la plage
Reprend ses tons décolorés
Mes yeux dessinent un rêve pâle

Quelques dunes s'allongent
Et le vent les caresse
J'espérais retrouver ta main
Chasser l'automne la saison morne
Sous la chaleur de mon sein

J'aime le ciel et son haleine
À en perdre la vue
La plage prend un goût de peau
Et ton regard sous mon manteau
Me ramène au réel
C'est un automne qui s'en va
Chassé par la voix de l'hiver
Un souffle blanc sous mon imper
La solitude de la mer

J'avais des océans à la place des yeux

J'avais des océans à la place des yeux
Des vols d'oiseaux à la place des cils
Je voyais le grand large
Agiter quelques vagues
Au bord de mes larmes
Le souffle fort d'un géant ramenait mes cheveux en
avant
Ma robe claquait comme une voile
Sur mes genoux trop blancs
La falaise s'effritait à chaque hurlement
J'avais envie d'hiver
De neige qui tomberait sur l'écume des flots
De mélanger le sel à la pureté des cristaux
Flocons d'eau douce sur fond bleu
Comme la prière du ciel à fondre dans le grand

Je pensais à lui

Je pensais à lui
Nu
J'avais cette faculté d'occulter tout ce qui ne servait à
rien
D'aller à l'essentiel
Ne voir que la beauté de l'âme…

Mais j'aimais tant son corps
Je le voyais comme un navire
Qui traversait ma nuit
Ses bras ouverts comme des voiles
Une si jolie envergure
Il me tenait
Me manœuvrait
Comme une barre à roue...

La digue de la nuit

La digue de la nuit semblait vouloir céder, la tentation
était grande de me laisser emporter par les flots noirs
du demi-sommeil, celui qui plonge dans le rêve au bord
de l'irréel et de ses bulles d'éternel

Déjà l'eau des songes atteignait mes cuisses, le froid
paralysait ma volonté, je plongeais tout entière et ma
vision était troublée

Je nageais nue comme dans ton corps aux veines-
fleuves et le rouge devenait obsédant, des globules
passaient entre mes doigts, c'était un vol de méduses

Le flot était épais, épousait parfaitement le contour de
mon visage, battait mes tempes et se refermait sans
cesse sur ma nuque comme un collier de mains
délicieusement serrées

Oh... c'était une apnée lente dans un état fœtal
d'apesanteur, je traversais des champs de veinules qui
flottaient telles des algues, leurs caresses douces
électrisaient ma peau, phosphorescente, créature
vibrante

Puis je tournais et retournais en toi, chevauchant
l'hippocampe jusqu'à sentir l'afflux me porter sur la
vague, je devenais soupir, enfermée dans une bulle,
expirée par ton souffle court

J'éclatais dans ton cri !

Rauque et animale, je remontais ta gorge et je trouvais
ta langue qui rencontrait la mienne, je baignais dans ce
goût mélangé de salives

L'aurore enfin, trouvait mon corps échoué sur tes
lèvres, j'essuyais le mystère et j'en comptais les perles
déposées sur mes cils, je m'éveillais, l'horizon
m'attendait déplié comme un nouveau jour

Prisonnière du bateau

J'avais le paysage et le vent dans le dos
Je filais au naufrage sous l'orage des peaux
Accrochée aux nuages je larguais tous mes mots
Mes pieds tels des cordages dénoués sur les flots
Mes bras jolis voilages déchirés sur mes os
J'étais un équipage prisonnier du bateau

Le vent avait un rire

Le vent avait un rire
Comme un château de sable
Qui effritait ses grains
Dans la folie du diable
Le vent s'était perdu
Dans les cheveux d'un fou
Vipères effarées
Écume au pied du phare
Le vent soufflait des mots
Dans le creux de la vague
Terrain nu désossé
Ne pouvant l'arrêter
Le vent bramait son âme
Comme une bête féroce
La peau aussi tannée
Que de sombres écorces
Le vent tirait la langue
À la face du monde
Faisant fi des serments
Du venin des serpents
Le vent
Le vent
Le vent
Tournant comme un dément
Balayait incessant
La plaine du tourment

Quelques pas

Quelques pas
Pour envoler les oiseaux
Rire avec eux

La plage dans ma tête
En ce dimanche d'hiver

Mais la nuit sale
Me prend mon rêve
Comme on soulève un voile

Dérive

Elle avait fermé ses volets
Parce que le gris du ciel
Elle en avait assez
Un peu de noir
Et pousser le plafond
Enfin voir les constellations
Un verre avec deux glaçons
Juste pour le son
Et que ça tourne rond
Un lointain tintement
Comme un bateau au port
Larguez l'amarre !
Dit-elle
Et tout son équipage
Tous les petits rouages
De son âme s'affairèrent
Ce soir ce sera la grand-voile
Annonça-t-elle
Allez hissez mes yeux !
Elle avait planifié sa route
Guidée par les étoiles
Et trois tours de glaçons
Cap sur le pôle
Le Nord !
Je veux du blanc
Et elle jeta son verre
Il n'était pas cristal
Il se brisa quand même
En mille et une étoiles
Sur la banquise opale
Coupure d'hiver
Sous la plante des pieds

Le Nord !
Morsure aux yeux
Paupières gelées
L'immensité des glaces
À tourner dans un verre
Réchauffement des sens
Elle
Perdue dans sa transe

Dérive sous l'ampoule électrique
Aussi nue qu'un dimanche

A l'allure d'un rêve

Elle était en partance
Et ça se voyait dans ses yeux
L'ancre y était levée
Une autre nuit brillait
Et ses cils traçaient
De nouvelles latitudes
Un voyage lent
Son corps abandonné aux vents
Quelques tangages
Grincements de rouages
Des voiles déployées
Et des étoiles blanches
Oh... cette nuit filait
À l'allure d'un rêve
Porté par des paupières
Sous l'argent luminaire
Elle atteignait la sphère
Les embruns de matière
Éclaboussant le lin
Tissant des univers
Ses yeux ouvraient la nuit
La fendant comme des flots
D'un océan vivant
Comme la peau de son dos

Ses pieds froids brûlants

Ses pieds froids brûlants d'exotisme
Elle est allée sur la plage en hiver
Pour sentir les épices
Débarquées de ses cargos imaginaires
Ils l'ont vue disparaître
Dans la brume
Une sirène au loin
Une écharpe en Madras
Une senteur de coriandre
Dans une rafale de vent
Et puis plus rien...

Obsolescence

Elle n'avait du réel
Qu'une pincée de sel
À jeter dans le feu
Et puis tout autour d'elle
Jusqu'au blanc de ses yeux
Semblait un jour si vieux
Elle ne connaissait rien
À tous ces oiseaux bleus
Et pour elle l'océan
Se traversait encore
Sur un grand paquebot
L'amour se déclarant
Par un doux télégramme
Bref...
Elle avait l'élégance
De son obsolescence

J'ai éteint ton visage

J'ai éteint ton visage
À la peau nue des vagues
Déposant mes écumes
Sur un brasier volant
Mes bras comme des cimes
Auréolées de blanc
S'élançant dans le vide
Et troublant ton nuage
Mer et sueur léchant
La surface au teint blanc
Ton dos qui fut ma page
Pour quelques nuits de nage

Juste pour le mystère

Écrire ailleurs... l'île n'est pas une fleur

une poussière à l'œil

les petits mondes merveilleux s'en vont à l'aube là
derrière

je roule un rêve

entre mon pouce et mon index

une perle dont je ne sais quoi faire

la rondeur à parfaire

pour rien

juste pour le mystère

Souvenir vague

Elle n'avait de la plage
Qu'un souvenir vague
Un roulis dans sa tête
Le goût de quelques algues
Et puis du sable
Pour combler toutes ses failles

Ses rêves
À écheveler les vents
Aussi fous qu'arrogants
Un vrai catamaran
Sur une mer brève
Ses étoiles échouées
Tels des yeux sur la grève

Sous le drap pâle du ciel
Elle rêvait de son corps
Sa main recommençait
Le fabuleux parcours
Plongeant dans les rouages
À s'inventer le jour

Et ses doigts de petit orage
Lui murmuraient quelques nuages
À son oreille un chant de lune
Une pluie fine sur la nuque
La peau qui fume
Et sur la dune
Brume...

Le presque-silence

Je cherchais le presque-silence
Cet état où tous les arbres dansent
Dans un bruissement de soie
Et de satin qui vole

Juste ça
Et le chant clair de Lune

Le presque-pas-de-bruit

Juste la nuit qui fugue
Et dans sa folie luit
Jusqu'au fond de mes yeux
Ouverts comme deux puits
Juste le bruit de l'eau
Quand j'y jette mon songe

Le presque-pas-d'écho

Je voulais l'orage

Ça sentait presque les blés
Et l'écuelle percée du ciel
Fuyait en goutte à goutte
Je voulais cet orage
Qu'il vienne par le Nord
Qu'il apporte la plaine
Et ses chaleurs mortes

Je voulais des aiguilles
À transpercer le ciel
À planter des couteaux
À faire froid dans le dos

Je voulais des sueurs glacées
Dans un grand bruit de verre
L'éclair et le tonnerre
Dans la même seconde

Je voulais cet orage
En travers de ma gorge
La grêle sur mes yeux
Et la peau qui ruisselle
De cette pluie sauvage
À griffer mes paupières

Je voulais cet orage
Jusqu'à bouffer le Nord
Et me ronger les doigts

Je voulais… je voulais…
Mais je n'ai eu du ciel
Qu'une larme de sel

La pluie

La pluie
C'est un peu comme si la mer tombait du ciel
Le sel retenu par les nuages
Et nous en bas
Avec le sable
Dans les yeux

Cormorans

Des cris
Des cris de cormorans
Paupières qui se referment
Des ailes
Sur des dos d'argent
Et des poissons violents
Le ciel descend
Et plonge
La pluie de juillet
Si fine
Qu'elle caresse les sens
Et plonge dans une douce langueur
Ou bien le rêve qui trempe un doigt
Dans la moiteur ?

Je vais sortir
Aller mouiller mes pieds
Dans quelques flaques
Et mettre du nuage
Sur cette vie qui fouette
Comme un vent
Le visage

Les yeux-nuages

Là où tu vas
Tes pas
Courent vers moi
Tu vois
La plage ne t'efface pas
Un souvenir revient
Baigner mes pieds
Et j'ai les yeux-nuages

Femme d'automne

Je suis femme d'automne
Une plage sans personne
Avec du vent qui tourne
Comme une écharpe au cou
Des vagues qui s'élancent
À deux pas du silence
Tu vois
Comme je suis belle
Tu vois
Comme je suis celle
Qui vient ou qui s'éloigne
Tout ça dépend de toi
Et de là où tu vas
Moi je vais et partout
Je suis femme d'automne
Et je suis le vent fou

Rentrons

Il y a du vent
N'est-ce pas ?
Ou est-ce votre murmure ?
C'est un vent chaud
N'est-ce pas ?
Ça me brûle la peau
Le sirocco est en avance
Il est tard
N'est-ce pas ?
Rentrons calmer nos peaux
Voulez-vous ?

Compter les nuages

À compter les nuages je me suis endormie
Un doux rêve de toi est venu se poser
Un peu comme un oiseau qui aurait fait son nid
J'ai couvé tes pensées pour les voir s'envoler
Et au saut de ton âme je me suis éveillée
Tes doigts dans mes cheveux avaient tressé des nœuds
Pour rappeler tes yeux de ne jamais quitter
Ni en rêve ni en vrai ma chevelure de feu

Désaffectée

Il y a des corps nus
Qui voyagent dans mon lit
Ils ne font que passer
Ne m'emportant jamais

Mon lit est un long quai de gare
désaffectée

La fille des Monts Noirs

Le sel dans nos artères nous donnait comme un vague
battement de mer
dehors la pluie faisait frémir l'ossature du navire
et je voyais le bois et ses mâts de bateau dressés dans la
tempête et se courber le dos

Aux lèvres de l'écume
la fille des Monts Noirs avait le mal de chair

Se lâcher ailleurs

Quand un pont disparait dans la brume
C'est un bateau qui lève l'ancre
Des mains qui se séparent
Pour se lâcher ailleurs

La terre soupire une vague blanche

La terre soupire une vague blanche
Et puis...
L'onde se propage
Secouant les nuages
Il tombe des plumes
Sur l'oreiller gelé
Trouble d'un rêve
Encore tout éveillé
Nos silences gênés
Nos mouvements effacés
Juste des légères traces
Du givre sur la couture
Des paupières refermées
Qui peinent à imaginer
Tout un hiver entier

Pluie...

La pluie passait d'un ciel à l'autre
Et le vent lui tenait la main
Pour qu'elle ne tombe point...

Orage

Alors au fil du jour
Les mots petits nuages
Viennent remplir la page
Et puis un mot plus lourd
La page tourne à l'orage

Scène de gris

C'était beau l'azur...
Dit-elle
Quelques regrets
Roulant sur le tendre des joues
Le dos à la fenêtre
Les épaules plaquées
Tout contre le carreau
Le froid
Les courants d'air
La même histoire qu'hier
Ce gris collait aux jours

Il faut changer les draps
Dit-elle
D'un ton sec
En regardant le lit
Le vent soufflant derrière
Comme un rire nerveux
Qui tente comme il le peut
De racler la poussière
De quelques jours heureux

Jours gris

Les jours gris s'enchaînaient

On aurait dit de la limaille
Jetée sur le calendrier !

Les pointes de grisaille
Fer rouillé au sang
Taillaient dans le moral
Des cerveaux rendus lents

Sur l'instable océan
Des jours des mois des ans

Des pointillés

Elle n'ouvrit pas ses volets
Elle se dit qu'elle préférait le noir
Au gris salé

Elle flotta un instant
Entre deux pensées
Bercée par cette indécision
Elle roula sur le côté
Sa main à plat
Sur le drap
Se referma

Elle serra son poing
Sur le vide
Jusqu'à ce que ses ongles
S'incrustent dans sa paume
À en lacérer les tendons

Puis dépliant lentement ses doigts
Elle regarda sa paume
Et vit une nouvelle ligne
Un tracé parallèle en pointillés
Sa nouvelle ligne de vie

Parce que c'était cela
Sa vie !
Une présence entrecoupée d'absence

Des pointillés dans une conscience !

J'ai fait comme si

J'avais des poèmes
Plein les mains
Cachées derrière mon dos
J'ai fait comme si je n'avais rien
Je suis sortie à reculons
En prétextant quelques folies

La vie

Tout était calme
Le monde bougeait à peine
Dans ma tête
Quelques cliquetis
Comme des mâts de bateau
Mais légers
Lointains
J'étais bien...

Ou peut-être des cloches
Un faible tintement
Qui me projetait loin
Les volets grands ouverts
J'appréciais le matin
Je respirais la vie

Une vie qui parfois
S'exprime si fortement
Qui me pousse les doigts
Vers cet autre que moi
Une vie que je retiens
Sans trop savoir pourquoi

La vie c'est aussi du silence
Majestueux
Comme un sommet neigeux
Des rayons de soleil
Câlinant la poussière
Ou de la pluie qui ne tombera pas

Chorégraphie d'un jour de pluie

J'ai l'âme au ventre
La céphalée nourrie à l'encre
Une pointe de menthe
La gestuelle lente
La tasse fumante

Marie avait raison
Un brouillard décolorant
Est tombé pendant la nuit
Des pensées claires
Enfermées dans des gouttes
Pendent aux feuilles

J'attrape un parfum d'eau douce
Mais plus subtil
Un jus de ciel
Mais du ciel d'avant
Délicieusement vivant
Petit oiseau
À relâcher au vent

Chorégraphie d'un jour de pluie

Tout simplement

Quand tu me tiens serrée
Comme ça
Avec toute la douceur du monde
J'ai les yeux qui fondent
Qui fuient
Et toi tu les essuies
Tout simplement

Longs silences

Il a dit : quand on fume la nuit ça crée de longs silences

Je ne lui ai pas dit que moi je les respirais ces silences et
même qu'ils me faisaient rêver

Le temps

On s'est assis au bord
Les pieds dans le vide
On s'est pris la main
Pour oublier notre vertige
Et on a regardé
Passer les paysages
On a vu les saisons
Les siècles défiler
Et puis des millénaires
La mer se retirer
Et des montagnes naître
Le vent les éroder
Et des animaux paître...

Dans l'air sans cesse renouvelé
Quelques flocons tombaient
Au rythme merveilleux
De nos cœurs qui battaient
Len-te-ment
Comme
S'ils
Avaient
Le
Temps

Flammes sans lendemain

Un nuage dans la tête
La fluidité du grain

Du papier dans la tête
Les cendres du matin

La fumée dans la tête
Des flammes sans lendemain

Idée folle

Ayant compté sur ses doigts les voix qui comptaient
tant pour elle
Elle eut cette idée folle d'y mettre des visages
Elle regarda la forme des nuages et puis tourna la plage
les talons et sa langue
Rien dans ce paysage ne valait le voyage qu'elle avait lu
dans l'encre qui lui tachait les voix
D'un doigt elle se cousit la bouche et mit sous camisole
cette tendre idée folle

Tout est calme

Se laisser aller au calme d'un sol mouillé

L'odeur de pluie qui sèche
Et du vent qui caresse

Je pense à tes mains chaudes
La tasse au bord des lèvres

Une feuille se détache tourne un peu dans ma tête et
puis rejoint la pluie
rouillée
à terre

Tout est calme
Tranquille
Et loin

Nuage

J'ai volé un nuage
Mais ça ne s'est pas vu

Je l'ai mis dans une cage

Ça ne lui a pas plu
Et il a tourné à l'orage

Air de piano

Est-ce qu'un air de piano
Peut construire une saison
Rebâtir un printemps
Nicher sa floraison
Sous la plume d'une aile
Et graver tout là-haut
La forme d'un nuage
Feuillage d'un grand saule
Déposé sur l'épaule...

J'entends voler l'aurore
Tout au bout de tes doigts
Touche blanche qui déflore
Le sommet de cristal

Là au fond de ma gorge
Un sanglot prends la forme
D'une cascade folle
Et mes eaux qui rigolent
Torrentielles et noyées
Je suis au paysage
Une note trop noire
Posée après la pause
Silence inachevé

La pluie porte l'odeur

La pluie porte l'odeur
Des bois
Encore tout endormis
Ça sent le silence
Des flaques de l'hiver
Au loin
Le nord
Encore
Se rappelle
À mes sens
Quand le printemps
S'entend pousser si fort
Les rêves blancs passent encore
Je fouille mon cœur
Mon poing jeté sur ma poitrine
Saisit un battement
J'ai la banquise qui me tiraille
Les entrailles qui flottent
Et le cercle polaire
M'enserre tout le crâne
J'ai beau chasser l'hiver
À grands coups de pétales
J'entends l'ours qui râle
Sous la fonte du temps

Ne me demande rien

Ne me demande rien
Je n'ai que de l'hiver
Et des coquilles de verre
À la place des yeux
J'ai le soupir qui gèle
Et ma bouche se ferme
Sur un silence bleu

Les mots ne peuvent plus dire
Et le pinceau fragile
N'a plus que de l'eau sale
Pour peindre l'avenir

Ta main
Ta main seule
Sait mettre les couleurs
À mes sombres matins

Alors viens
Et surtout ne dis rien
Ne me demande rien

Mon rêve des pôles

C'est beau
N'est-ce pas
Un vent de nuit

Et s'il est froid
C'est qu'il vient de très loin
D'où naissent les icebergs

Il a longé des côtes
Frôlant des continents
Glacés comme des pôles

Et je ressens tout ça
Quand il lèche ma nuque
Avec sa langue blanche

Quelques cristaux de gel
Viennent fondre sur mes yeux
Chauds comme des étoiles

C'est beau
N'est-ce pas
Quand le vent vient pour moi

Mon rêve des pôles

Rêve de sirène

Mon lit est une plage
Je roule coquillage et cheveux d'algues
Les jambes emmêlées dans les plis de l'écume
Sirène réveillée en plein milieu du rêve
Les yeux perles et la langue encore un peu salée
Je respire amoureuse…

Quelque fois même
J'ai la mouette rieuse

Cargo

Sur le pont d'un vieux cargo échoué là sur une plage au
bord du cœur
Allongée nue je pleure
Le soleil est un orage d'or

Ô silence

Viens…

Étale sur ma peau
Fossile amour et noire armure
Que l'ombre prenne vie et forme
Et qu'il n'y ait plus jamais plus

Plus jamais plus
De pluie

Du rouge !

J'ai attrapé l'écume
Par son col blanc
Et embrassant la vague sur la bouche
J'ai mis du rouge à l'océan !

L'Atlante

Permettez-moi de faire comme l'océan et de me retirer
un temps
Reprendre mon souffle
Loin
Profond
Et déposer le sel
Dans mes grands fonds
M'allonger à l'étale
En retenant mes vagues
Et le soleil à portée d'âme

Alors dans une poussée de vie
Rejaillir brillante
Vous dessiner l'espoir dans mes yeux de poisson
Vous déposer l'écume de mes amours géantes
À vos pieds m'échouer telle une femme Atlante

À l'encre de bateau

Elle écrivait à l'encre de bateau des mots flottés des
cales échouées d'un vieux cargo

Un jour elle avait pris la mer comme on étreint le ciel
salé de poissons lumineux

Ses yeux de coquillages nacrés irisés de mystère
s'ouvraient à qui faisait chanter son âme de sirène

Elle promenait ses mains sur une plage parchemin et
lançait loin ses lignes, ses doigts servant d'appâts pour
de grands mammifères cachés au fond des fosses de ses
poumons d'abysses

Elle aimait le grand souffle des eaux de diamants
démontés

Comme une magicienne qui maniait le crayon elle était
par moment une dresseuse de vagues

Elle savait tout des mots qui calment les grands flots

Elle soufflait dans la conche rassemblant ses idées dans
des nasses de cils et de cheveux séchés

Elle régnait solitaire dans cette course aux mots faisant
le tour des pôles à la vitesse des nœuds

Ainsi s'en va la peine

Elle marchait comme un violon qui pleure en étirant
son pas dans des notes si graves qu'on entendait à peine
le crissement du sable, certaines promenades tracent la
nostalgie d'un passé simple à regarder mourir la vague

c'est beau dit-elle sentant monter la larme de la note
aiguë

Une silhouette qui va au vent
manteau flottant couleur de cendres
une démarche qui tourne
comme la rivière fait des méandres
tantôt les restes d'un vieux feu semblent porter ses pas
mais elle va pourtant droit
elle pourrait traverser tous les déserts de sel
Ainsi s'en va la peine

Et de phrases en nuages

Loin de son armure
de son écorce de coquillage
le poète écrit son fruit mûr
de quelques traits façonne l'azur
et de phrases en nuages
son cœur bat la mesure

C'était une belle promenade

Elle écrivait des bouts de phrase sur des rubans de ciel
et s'en allait faire des nœuds aux vagues...

C'était une belle promenade...

Et si personne n'entend

Et si personne n'entend ma promenade
ça me va bien
j'ai rêvé la falaise, rêvé le goéland, le ciel et le décor
tout n'était qu'un drap blanc
j'y jetais mes couleurs
des pastels à l'argent d'une lune équateur
vous n'y avez vu que du feu
tant mieux !
pourtant rien ne brûlait
à part mon cœur

A bientôt…

www.ingramcontent.com/pod-product-compliance
Lightning Source LLC
LaVergne TN
LVHW092027190726
843493LV00002B/624